Der Hansische Stahlhof in London

Ein Vortrag, gehalten im Saale des goldenen Sterns zu Bonn am 11. März 1856

Reinhold Pauli

Alpha Editions

This edition published in 2022

ISBN : 9789356710054

Design and Setting By
Alpha Editions
www.alphaedis.com
Email - info@alphaedis.com

Der Hansische Stahlhof in London.
Ein Vortrag, gehalten im Saale des goldenen Sterns zu Bonn am 11. März 1856

Von

Reinhold Pauli.

Dem Deutschen, der um die Wasserseite der Stadt London zu betrachten in Westminster eines jener vielen Dampfboote besteigt, die bekanntlich gleich den Droschken in den Straßen unserer Städte den Themsefluß befahren, mag neben den gewaltigen Brücken, den Domen, die über Rauch und Nebel emporragen, den endlosen geräuschvollen Waarenlagern, ein wenig oberhalb der letzten Brücke, welche ihre kolossalen Bogen über den Fluß spannt, kurz ehe er wieder ans Land steigt, ein besonders abgetheilter Quay mit umfangreichen Packhäusern ins Auge fallen, dessen Baustil, dessen grüne Fensterladen und dessen dort seltener Schmuck, einige grüne Bäume, unwillkürlich an ähnliche Plätze in deutschen Seestädten erinnern. Es ist in der That mitten in dem fremden London ein Fleck, an welchem einst aus unvordenklichen Zeiten her unsere Landsleute gelebt und den sie bis vor wenigen Jahren besessen haben. Es ist die uralte Faktorei und der Stapelplatz der Kaufleute der deutschen Hanse, bekannt unter dem Namen des Stahlhofs, auf englisch *Steelyard.* Die Ursache, weshalb den Deutschen allein vor allen andern Nationen Europas die Vergünstigung widerfahren ist in dem exclusiven England Jahrhunderte hindurch Grund und Boden zu besitzen, läßt sich nicht mit Bestimmtheit angeben, wenn man sie nicht in der ähnlichen geographischen Beschaffenheit des nördlichen Deutschlands und des südlichen Englands und in der unvertilgbaren Stammverwandtschaft ihrer Bewohner finden will. Die Angeln und Sachsen, die über die rauhe Nordsee zogen um Britannien zu erobern, eröffneten unstreitig auch den ersten Handelsverkehr zwischen den beiden Ländern. Er wird dann besonders kräftig aufgeblüht sein, nachdem die Nachkommen Aelfreds des Großen sich in Erinnerung an die gemeinsame Herkunft mit den Ottonen Deutschlands verschwägerten. Die Verwandtschaft der norddeutschen Fürstenhäuser mit dem englischen besteht ja bis auf diesen Tag; das weiße Roß, das schon Hengist und Horsa im Schilde führten, findet sich bis heute im Wappen von Braunschweig-Lüneburg; es ist der Seerappe, nach welchem die Sachsen einst dichterisch ihre hochgeschnäbelten Schiffe benannten. Enge verwandtschaftliche Bande der Fürsten und gemeinsamer Ursprung der beiden Völker haben also die eigenthümliche Entwickelung, welche ihr internationaler Verkehr genommen hat, gefördert.

Sie müssen mir erlauben, die Hauptmomente desselben aus der Geschichte des Stahlhofs hervorzuheben. Lange ehe noch die deutschen Städte zu dem weltberühmten Bunde der Hanse zusammentraten, und ehe der Grund zu ihren fernen Handelsfaktoreien in Rußland, Skandinavien, Flandern und Portugal, zu Nowgorod, Wisby, Bergen, Antwerpen und Lissabon gelegt war, muß es eine Korporation deutscher Kaufleute an der Themse gegeben haben. Eine Urkunde des Sachsenkönigs Aethelreds II., der von 978 bis 1016 herrschte, sichert den Leuten aus den Landen des Kaisers, welche mit ihren Schiffen nach England fahren, dieselben Handelsrechte zu wie sie die Einheimischen besitzen, wofür sie zu Weihnachten und zu Ostern je zwei Stück graues und ein Stück braunes Tuch, zehn Pfund Pfeffer, fünf Paar Mannshandschuh und zwei Fäßchen Essig als Abgabe zu entrichten haben. Daß kein Geld verlangt wird, sieht ganz wie die althergebrachte Leistung einer Gilde aus, von deren Mitgliedern außerdem angenommen wird, daß sie auch in England überwintern. Dann hören wir erst wieder in der zweiten Hälfte des 12. Jahrhunderts, wie Heinrich II. der erste Plantagenet, die Leute von Köln nebst dem von ihnen in London besessenen Hause und allen darin befindlichen Waaren in seinen besonderen Schutz nimmt und ihnen gestattet ihren Rheinwein, den sie damals schon in London zu Markte brachten, für denselben Preis zu verkaufen, zu dem man dort den französischen Wein ausbot. Als späterhin Richard Löwenherz aus der Gefangenschaft Kaiser Heinrichs VI. entlassen wurde und froh gleich einem wilden Vogel, der dem Käfige entkommen, in die Heimath eilte, rastete er einen Tag in Köln, ließ sich im Dome ein Hochamt feiern und dankte den Bürgern für den ihm bereiteten Empfang, indem er ihnen die Jahresrente von zwei englischen Schillingen, die sie für ihre Gildhalle in London zu entrichten hatten, auf immer erließ. Es sind also die Leute des Kaisers, vor allen die Kölner, denen in London ein Haus gehörte, das wie heute noch das Stadthaus der City daselbst den altsächsischen Namen einer Gildhalle trug.

Allein es dauert nicht lange, so werden die Angehörigen noch anderer deutschen Städte an den Ufern der Themse erkennbar; bald war der Hansebund im Entstehen. Es sind die Zeiten der großen für das Reich so verhängnißvollen Kämpfe zwischen den Hohenstaufen und Welfen; dadurch daß Heinrich II. von England eine seiner Töchter an Heinrich den Löwen vermählte, hatte er seiner Dynastie eine welfische Politik vorgezeichnet. Diesem Principe aber, das an der Zertrümmerung deutscher Einheit so unendlich viel Schuld trägt, verdanken die Städte Italiens so gut wie die des südlichen und nördlichen Deutschlands ihr wunderbar rasches Aufblühen zu fast autonomen Communen. Die Wahl Kaiser Ottos IV., desjenigen Welfen, der zum ersten Male die Hohenstaufen verdrängt, wurde mit Hülfe seines Oheims des löwenherzigen Richard und des von ihm gezahlten englischen Geldes durchgesetzt. Fest hielten die Kölner zu ihm; selbst nach der großen Schlacht bei Bouvines, wo Otto nebst Johann ohne Land von französischen Waffen und hohenstaufischer Politik besiegt wurde, wollten sie nicht von ihm lassen. Als dann der große Kaiser Friedrich II. nach langer wechselvoller Regierung gestorben und seine Nachkommen bald nach ihm ihr tragisches Ende gefunden hatten, erscheint unter den Thronprätendenten des gespaltenen Reichs als Vertreter der welfischen Ideen geradezu ein Prinz aus dem Hause Plantagenet, Richard von Cornwall, der Bruder des englischen Königs Heinrich III. Ihm verdankt die Hanse ihre Anerkennung in England. Schon König Johann hatte die Bremer ausdrücklich mit denselben Rechten wie die Kölner zugelassen; ihnen folgen jetzt die Hamburger, die Leute von Lübeck, bald hernach Vorort der Hanse, die von Rostock, Wismar, Stralsund, Greifswald. Die Kölner, eifersüchtig auf dieses Herbeidrängen der Norddeutschen, mochten noch so viel grollen, im Jahre 1260 wird allen gemeinsam von Heinrich III. ein großer Freibrief ausgestellt, allen Kaufleuten von Alemannien, die das Haus zu London besitzen, welches die deutsche Gildhalle heißt, die *Aula Teutonicorum*.

Eine kleine Familiengeschichte aus jenen Tagen mag hier dienen uns die Einwanderung und das Fortkommen unserer Landsleute zu vergegenwärtigen. In den Archiven der Stadt London liegt ein merkwürdiger Pergamentcodex aus der zweiten Hälfte des 13. Jahrhunderts, dessen Verfasser, der bescheiden nur in der dritten Person von sich selber redet, eine kurze Geschichte seiner Herkunft giebt. In den letzten Decennien des 12. Jahrhunderts, erzählt er, sei ein Mann, Arnold von Grevinge mit Namen, gebürtig aus der Stadt Köln, nach England gekommen nebst seiner Frau, welche Ode geheißen. Sie seien kinderlos gewesen und wären nach ihrer Landung sofort zu dem Grabe des im Jahre 1170 ermordeten und als wunderthätigen Heiligen verehrten Erzbischofs Thomas Becket nach Canterbury gewallfahrtet, um sich die Fürbitte des Märtyrers um Nachkommenschaft zu erflehen. Würde ihnen ein Sohn geschenkt, so wollten sie ihn dem Dienste Gottes weihen, er sollte Mönch werden in dem berühmten Kloster zu Canterbury, dem Thomas Becket einst vorgestanden. Arnold zog darauf nach London und ging seinem Geschäfte nach; er erhielt zwei Kinder, einen Sohn, den er zum Danke für die Erhörung seines Gebets Thomas nannte und eine Tochter Juliane. Thomas wurde nun freilich nicht Mönch; er nahm statt dessen das Kreuz und folgte im Jahre 1203 den Schaaren des Grafen Balduin von Flandern nach Konstantinopel. Bei der Einnahme des griechischen Reichs auf jenem merkwürdigen Kreuzzuge ist er verschollen. Seine Schwester Juliane aber heirathete zu London einen Landsmann, Thedmar, gebürtig aus der Stadt Bremen. Sie wurden Eltern von eilf Kindern; und daß es ihnen gut gegangen, erhellt daraus, daß ihre vier Töchter bei der Verheirathung auf das Glänzendste ausgestattet worden sind. Einer ihrer Söhne, Arnold mit Namen, ist der Verfasser des alten Pergamentbandes, den ich erwähnt habe, und außerdem ein Mann, der in seinem bewegten Zeitalter eine hervorragende Stelle in der Geschichte der Stadt London gespielt hat. Er wurde einer der 12 Aeltermänner der Stadt und bewahrte daneben in treuer und dankbarer Erinnerung an seine Abstammung den Zusammenhang mit seinen Landsleuten, die ihn ebenfalls zum Aeltermanne und Vorstande ihrer Gildhalle erwählten. Während des Kampfs der Barone mit dem Könige Heinrich III., an welchem das demokratische Element in der City eifrigen Antheil nahm, hielt er sich streng conservativ zu dem Fürsten; mehrere Male hat er von seinem bedeutenden Vermögen hohe Strafgelder bezahlen müssen, einmal schwebte sogar sein Leben in Gefahr. Er ist hernach in hohem Ansehen und hoch betagt über 90 Jahre alt gestorben. In dem ohne Frage von ihm selbst geschriebenen Buche erzählte er viel von dem römischen Könige Richard, dem er persönlich nahe gestanden zu haben scheint, und bei dem er sicher die bedeutenden Privilegien für seine Landsleute aus den deutschen Seestädten befürwortet hat; auch gedenkt er mit besonderer Theilnahme der Wahl des Grafen Rudolfs von Habsburg zum römischen Könige, durch welche das zerrüttete Deutschland dem Auslande gegenüber doch in Etwas wieder zu Ehren kam. Diese wenigen Züge aus dem Leben eines englischen Aeltermanns bremischer Abkunft gewähren uns ein Bild, in welcher Weise es fleißigen deutschen Einwanderern und ihren Nachkommen gelang auf englischem Boden heimisch und ihres Lebens froh zu werden; sie zeigen außerdem, wie in einer Familie, als Beispiel für die ganze deutsche Handelskolonie, der Kölner und der hanseatische Ursprung durch Heirath zur Versöhnung kam.

Hinfort wohnten die Kaufleute vom Rhein und die von der Nord- und Ostsee harmlos bei einander und genossen gemeinsam die bedeutenden an ihre Gildhalle geknüpften Vorrechte. In ihrer emsigen Thätigkeit kamen ihnen die Engländer noch nicht gleich; reicher als sie waren allein die italiänischen Wechsler, welche damals die bis auf diesen Tag noch von Banquierhäusern angefüllte Lombardstreet bewohnten. Dem Wuchergeschäfte abhold, betrieben die Deutschen dagegen fast ausschließlich die Spedition; auf ihren eigenen Schiffen führten sie die rohen Produkte Norwegens und Rußlands, so wie aus Spanien und Portugal die Früchte des Südens ein. Ein bedeutender Aufschwung ihres Handels geschah zu Anfang der glänzenden Regierung des mächtigen Königs Eduard III. Der große langjährige Kampf, den dieser Fürst um die Krone von Frankreich führte, erforderte auch ganz außerordentliche Mittel. Seine engen verwandtschaftlichen Beziehungen zu dem deutschen Kaiser Ludwig IV. und den niederländischen Fürstenhäusern richteten seine Blicke wegen Anknüpfung politischer und commerzieller Verbindungen bald ausschließlich nach dem Reiche. Im Sommer 1338 reiste Eduard selbst an den Rhein, verweilte in Köln, wo er den eben vollendeten Chor des herrlichen Doms anstaunte und reich beschenkte, und verhandelte mit seinem Schwager dem Kaiser in Koblenz. Aber nach wenigen Jahren überstiegen die seinem eigenen Lande abverlangten Kriegssteuern die zugänglichen Kräfte desselben, eine gewaltige Noth ergriff den Geldmarkt in England, Flandern und Italien; der Mittelpunkt der italiänischen Wechselgeschäfte, die berühmte Handelssocietät der Barden zu Florenz, fallirte, in ihrem Conto stand der König von England mit einer Million Goldgulden angeschrieben. Diesen

Moment haben die Hansen klug zu nutzen gewußt, immer wieder sind sie dem Könige in seiner Noth beigesprungen. Wolle und Leder bildeten damals bekanntlich die einträglichsten Erzeugnisse des in so vielen Stücken gesegneten Englands; nach der auf feste Schutzzölle gegründeten Handelspolitik des Königs durfte vor allen die Wolle während des Kriegs mit Frankreich nur nach einer Richtung, nach Flandern hin ausgeführt werden. Niemand anders war geeigneter als die Hansen sie nach den reichen flämischen Städten zu verschiffen; die fertigen Zeuge und Tücher gingen dann vor allen über Köln weiter ins Inland. Für solche Vergünstigung streckten die Mitglieder der deutschen Gildhalle immer wieder neue Summen vor. Die reichen Häuser des Tidemann von Limborg, der Gebrüder Kaula, der Clippings u. A. hatten damals eine Bedeutung in London wie gegenwärtig Rothschild und Baring. Als Pfand war sogar die Verwaltung der Ausgangszölle in den Hafenstädten in ihren Händen; jener Tidemann von Limborg erhielt auf eine Reihe von Jahren die kostbaren Zinngruben in der Grafschaft Cornwall, die zu dem Regal des Prinzen von Wales gehörten, überwiesen. Die Krone Eduards und das Krönungsgeschmeide seiner Gemahlin waren längere Zeit in der Stadt Köln versetzt; nach einer noch im Staatsarchive des Towers zu London vorhandenen Correspondenz war der König, als diese kostbaren Pfänder fällig geworden, nicht im Stande sie zu lösen; da streckten jene Stahlhofsgenossen abermals neue Summen darauf vor, ließen die Juwelen nach England kommen und stellten sie dem Könige zurück. Immer von neuem konnte er 20 oder 30,000 Pfd. Sterl. bei jenen Häusern aufnehmen, Summen, deren damaligen, vollen Werth wir heute nur durch eine Multiplikation mit 15 erkennen können. Es sind daher die großen Schlachten des Schwarzen Prinzen, die Siege von Cressy und Poitiers in nicht geringem Maße mit der Hülfe deutschen Fleißes und deutschen Kapitals gewonnen worden; unsere Landsleute sind nicht schüchtern gewesen, sich so große Dienste durch neue bedeutende Privilegien ihrer Faktorei belohnen zu lassen.

Der Anfang des 15. Jahrhunderts ist überhaupt der Höhepunkt hansischer Macht und also auch der Blüthe des Stahlhofs zu London. Bald sollte das Emporkommen der skandinavischen Reiche und die Consolidirung des Herzogthums Burgund in den Niederlanden dem abgeschlossenen, stark egoistischen Handelssysteme des großen Städtebundes gefährlich werden. Auch die Beziehungen zu England wurden in Kurzem unfreundlicher Art. Hier hatte sich trotz der bösen

Zeiten, die damals im Kampfe der rothen und weißen Rose über die Insel hereinbrachen, ein einheimischer tüchtiger Kaufmannsstand nach italiänischen und deutschen Vorbildern zu großem Reichthum entwickelt. Damals regt sich zuerst bei ihm jener mercantile Unternehmungsgeist, den man gegenwärtig unter allen Zonen des Erdballs zu bewundern Gelegenheit hat. Eine große Gilde ins Ausland handelnder Kaufleute suchte auch in den deutschen Städten der Ostsee, in Preußen und Livland zugelassen zu werden. Aber die Hansen in ihrer exclusiven Gesinnung wollten ihnen nicht die Vorrechte gewähren, welche sie selbst seit Jahrhunderten in Rußland, Skandinavien und England genossen. Mancher Merchant-Adventurer, wie man die Mitglieder jener Handelscompagnie nannte, wurde an seinem Eigenthume oder gar körperlich verletzt. Darüber kam es zu Processen, zu Repressalien und endlich gar zu Feindseligkeiten. Mehrere Jahre lang wüthete ein erbitterter Seekrieg, von dem wir uns bei dem gegenwärtigen Verhältnisse der hanseatischen zur großbritannischen Schifffahrt nur schwer eine Vorstellung machen können. Einmal wurde eine Flotte von 108 Segeln, die sämmtlich in Lübeck und Riga zu Hause waren, auf der Heimkehr aus Spanien, schwer beladen mit Salz und Südfrüchten, im Kanal von den Engländern aufgebracht. Dafür nahmen denn die großen Bergenfahrer Lübecks wieder Rache, verwegen kreuzten sie lange in der Nordsee umher und brachten manche treffliche englische Prise auf, mit Tuch und anderer werthvollen Waare geladen. Darunter litt natürlich der Handel in ganz Nordeuropa ungemein; umsonst seufzten die Länder nach Frieden und verhandelten die Regierungen durch ihre Gesandten. Hartnäckig bestanden die Hansen und der mit ihnen verbündete Hochmeister von Preußen auf ihre alten Privilegien, während die Engländer, da man ihnen nicht Gleiches mit Gleichem vergelten wollte, von ihnen forderten, daß sie nunmehr in England dieselbe Abgabe auf Wein und Wolle entrichten sollten, welche von allen andern die englischen Märkte besuchenden Fremdlingen erhoben wurde. Sie sträubten sich mit Händen und Füßen und wurden endlich im Jahre 1469 von den königlichen Gerichtshöfen zu einer Buße von 13,520 Pfd. Sterl. verurtheilt. Viele Mitglieder des Stahlhofs saßen in Haft, die alte Genossenschaft lief Gefahr ihre Corporationsrechte und den Grundbesitz auf immer zu verlieren. Zu gleicher Zeit war im Schooße des Hansebundes selbst Zwist ausgebrochen: Köln und der Westen zankten mit Lübeck und dem baltischen Osten. Ein jäher Sturz vor der Zeit war nicht unmöglich, hätte nicht das Parlament zu Westminster zuerst die Hand zum Frieden geboten. Das Haus der Gemeinen ließ sich in seinen Bemühungen zur gütlichen Ausgleichung des Streits selbst dann nicht beirren, als bewaffnete Schiffe von Bremen, Hamburg und Danzig, unter der Flagge Karls des Kühnen von Burgund einhersegelnd, mehrere Stellen der englischen Küsten angefallen hatten. Eduard IV. endlich gebührt das gerechte Lob im Jahre 1474 den Frieden von Utrecht zu Stande gebracht zu haben, in welchem allen Theilen Genugthuung geschehen, den Hansen aber, so weit es die veränderten räumlichen und zeitlichen Verhältnisse gestatteten, Recht und Besitz ungeschmälert zurückgegeben sind.

In dem Genusse derselben haben sie dann fast ein ganzes Jahrhundert verharrt, -- jenes wunderbare Jahrhundert, in welchem die Menschheit die Auffindung eines großen Continents und die Reformation der Kirche erlebt hat. Vor der Entdeckung Amerikas durch Columbus, an die sich bald die Colonien der Spanier und Portugisen im Süden, der Engländer und Franzosen im Norden anreihen, sind in Kurzem der Glanz Venedigs und Genuas und die Machtansprüche der nordischen Hanse in den Schatten getreten. In dem kühnen Trachten Jürgen Wullenwevers, von Lübeck aus noch einmal über Nordeuropa zu gebieten, haben sich auf eine kurze Frist die noch nicht geläuterten Strömungen des kirchenverbessernden Geistes mit der mercantilen Politik gekreuzt; noch einmal flackerte der Gedanke an eine hanseatische Weltmacht auf, aber rasch sank die taube Flamme in sich zusammen. Inzwischen waren dem Welthandel und dem Unternehmungsgeiste der europäischen Nationen ganz andere Wege eröffnet worden, bisher gänzlich unbekannte Produkte wurden zu den nothwendigsten Lebensbedürfnissen der Menschheit, an die Stelle der gebrechlichen Fahrzeuge, mit denen man bisher im Mittelmeere, in der Ostsee und an den atlantischen Gestaden Handel getrieben, waren ganz andere gewaltige Schiffe getreten. Die Hanse hatte sich überlebt; auch die Größe ihrer Schiffe war gewachsen; sie konnten nicht mehr wie bisher durch die Londoner Brücke hindurch segeln und ruhig vor ihrem Stahlhofe vor Anker legen. Dennoch steiften sie sich bei den gänzlich veränderten Zeitumständen auf den Buchstaben ihrer alten Vorrechte, keinem Engländer gewährten sie in der Heimath was sie selber in der Fremde genossen. Als daher einmal, besonders auf kaiserliches Gebot, englische Unterthanen aus Elbing und Stade ausgetrieben waren, verstand die große Königin Elisabeth keinen Spaß. Sie ließ von ihren Admiralen Drake und Norris, vor denen die stolzen Spanier an den Küsten der alten und neuen Welt zu zittern gelernt, in kurzer Frist einige 60 hanseatische Schiffe aufbringen und vertrieb durch königliches Decret vom Januar 1598 die deutschen Gildegenossen aus dem Stahlhofe. Die Gebäude und Werften desselben sind dann eine Weile als Admiralitätsmagazin verwendet worden, bis man sich zu Hamburg und Lübeck dazu verstand die Merchant-Adventurers unter denselben Bedingungen bei sich aufzunehmen, die den Hansen in London gewährt wurden. Von da an haben sie sich ihr altes Besitzthum so gut es ging wieder zu Nutz gemacht bis zu der großen Feuersbrunst, die im Jahre 1666 den bedeutendsten Stadttheil Londons in Asche legte. Allein ehe ich von dem Ausgange des Stahlhofs rede, ist es Zeit, so weit dies möglich ist, die Baulichkeiten und das Leben und Treiben derer, die einst darin gehaust, zu schildern.

Das Grundstück, welches, wir können nicht mit Bestimmtheit sagen weshalb, der Stahlhof heißt, hatte in der That, zumal in dem mittelalterlichen London, eine ganz vortreffliche Lage. Nur etwas oberhalb London Bridge, der bis in die neueren Zeiten einzigen Brücke der Stadt, nicht zu weit von der Börse und der Kathedrale, reicht es von seinen breiten Werften am Flusse weit landeinwärts bis an die Südseite von Thamesstreet; im Westen wird es von der Gasse Dowgate, deren Name noch an das alte Wasserthor von London erinnert, im Osten vom Allerheiligengäßchen abgegrenzt. Der ursprüngliche Hof war klein genug, es sind dann aber im 14. und 15. Jahrhunderte mehrere herrschaftliche Häuser und Baulichkeiten der Nachbarschaft hinzugekauft worden. Sobald dieselben bei einander waren, wurde ein solider, den Anforderungen einer mittelalterlichen Genossenschaft entsprechenden Bau aufgeführt, recht wohl zu vergleichen mit dem Artushofe zu Danzig, der Rumeney zu Soest und anderen ähnlichen alten Kaufhallen. Besonders stattlich muß sich die nördliche Fronte desselben nach der Thamesstreet ausgenommen haben, in mehreren Stockwerken, mit drei runden durch Eisenbeschlag sicher verwahrten Pforten, deren jede mit einer sinnreichen Inschrift versehn war. Nach der einen bietet dies Haus: Freude und Fülle aller Güter, Friede, Ruhe und ehrbare Lust; nach der zweiten ist das Gold der Vater schmeichelnder Künste und der Sohn des Mühsals; die dritte drohte demjenigen, der die Zucht bricht, mit der verdienten Strafe. Hoch darüber aber am Dache spreitete der

Doppeladler des Reichs seine Flügel aus. Starke Ringmauern umgaben den wie eine kleine Festung mitten in der Stadt gelegenen Ort und haben bei mancher Gelegenheit den Einwohnern Schutz gewährt. Bisweilen war es der raufsüchtige rohe Pöbel des Themseufers, der mit den Fremdlingen, deren Sprache unverständlich und deren Tracht und Erscheinung auffällig war, Streit angefangen. Aber auch bei der großen communistischen Erhebung der Leibeigenen und der niedersten Hefe der englischen Bevölkerung unter dem fürchterlichen Demagogen Wat Tyler im Jahre 1381, wo niemand, der sich eines Ranges oder Besitzes erfreute, seines Lebens sicher war, konnten sich die Hansen nur hinter ihren Mauern bergen, während namentlich die Flanderer und andere Fremden zu Haufen erschlagen worden sind.

Die Baulichkeiten, die von diesen Mauern burgartig umschlossen wurden, waren mancherlei Art. Hoch über den übrigen ragte besonders die große Halle empor; sie diente bei den allgemeinen Versammlungen als Rathsstube; bei den althergebrachten, häufig wiederkehrenden Festlichkeiten fanden hier die Schmausereien und Gelage statt. Ueber den hohen Kaminen und dem künstlich verzierten Gesimms waren in dichter Reihe die glänzend geputzten silbernen und zinnernen Geschirre, das Prachtgeräth der Corporation, aufgestellt; darunter mag sich, wie wir es heute noch in hanseatischen Zunfthäusern antreffen, manch seltsamer Zierrath aus der Fremde befunden haben. Von besonderem Werthe aber müssen zwei Gemälde gewesen sein, welche sich die auch in der Heimath die Kunst gern fördernden Deutschen von einem Landsmanne, dem berühmten Meister Hans Holbein, hatten anfertigen lassen. Sie stellten als Gegenstücke in allegorischem Gewande den Triumph des Reichthums und den Triumph der Armuth dar. Auf der einen Seite der Halle erhob sich ein Thurm, die Threse oder Schatzkammer, in welcher man die pergamentenen Urkunden und besonders werthvollen Kleinodien und Kunstwerke aufbewahrte; auf der anderen lag eine steinerne geräumige Küche, wo in reichlichem Maße für den Mittagstisch an Alt- und Festtagen gesorgt wurde. Zwischen der Halle und der Mauer auf der Westseite befand sich ein Garten, in welchem die Deutschen nach ihrer Weise und Bedürfniß sich einige aus der Heimath herübergeführte Weinstöcke und feine Obstbäume angepflanzt hatten. An Sommerabenden pflegten sie dort nach der Arbeit auszuruhen, während die jüngeren Leute sich beim Ballspiel und ähnlichen Vergnügungen ergötzten. In langen Reihen aber erstreckten sich die Speicher, die Verkaufsbuden und die Geschäftslokale bis an den Fluß und nahmen bei Weitem den größten Raum des Grundstückes ein. Hier hatten die einzelnen Kaufmannschaften der deutschen Hanse ihre Comptoire, hier stapelten sie in regelmäßig vorgeschriebenen Abtheilungen ihre Waaren auf. Daran grenzten dann breite Werften mit einem hohen Krahnen, wo bei der Fluth die Wellen der Themse hinaufschlugen und die Schiffe mit ihren Frachten bequem anlegen konnten. Das war recht eigentlich eine Stätte des Weltmarkts, wo, ehe man nur von den amerikanischen Produkten etwas ahnte, die Hauptbedürfnisse der Menschen aus- und eingeladen wurden. Aus Norwegen, Rußland, Polen und den Gebieten des Hochmeisters in Preußen wurde Eisen, Holz, Hanf, Talg, Wachs und Pelzwerk eingeführt; die Ostsee selber lieferte in großen Massen ihre Fische, vor allen den Häring, der damals noch nicht in andere Gewässer ausgewandert war, den als besonderen Leckerbissen betrachteten Stör und viele Schiffsladungen voll Stockfisch, mit dem die Engländer wohl auf Feldzügen ihre Truppen zu füttern pflegten. Auch befanden sich unter den Waaren bisweilen lebendige Wesen, besonders seltene Edelfalken aus Norwegen oder Livland, wofür der englische die Jagd mit aller Leidenschaft betreibende Adel hohe Summen bezahlte. Aus den vom Rheine her kommenden Schiffen sah man manch gehaltvolles Stückfaß edlen Weins auswinden; Tücher und Leinwand, fein und grob, kamen besonders aus Flandern herüber. Der Verkehr mit Spanien und Portugal schloß sich unmittelbar an die den orientalischen Handel betreibenden Nationen Südeuropas an und vermittelte die Zufuhr von allerhand Leckereien wie Feigen, Datteln, Mandeln, Zimmt, von Farben, edlen Specereien, Medicamenten, Metallen und selbst Goldstaub und Juwelen. Von solchen Dingen verkauften die Hansen wohl weniger an ihre englischen Geschäftsfreunde, sie beförderten sie weiter nach Hamburg und Lübeck, nach Bergen und Riga. Dem Engländer aber kauften sie die Erzeugnisse seiner Viehzucht und seines Ackerbaus, Wolle und starke Rindshäute, Korn, Bier und Käse ab. Auf dem Stahlhofe sind in der That alle Handelsartikel der damals bekannten Welt umgesetzt und verladen worden.

Noch ein zum Stahlhofe gehöriges Haus darf ich nicht unerwähnt lassen; es lag auf der Nordseite und bildete einen Theil der Fronte nach der Thamesstreet, damals wie heute eine der Hauptstraßen der City von London. Hier befand sich schon im 15.

Jahrhunderte eine Weinstube, in welcher der Rebensaft vom Rheine geschenkt und zum Imbiß geräucherte Ochsenzunge, Lachs und Caviar genossen wurde. Bei einem vollen Glase schloß hier nicht nur der gemüthliche, wohlhäbige Kaufherr von Nord- und Ostsee sein Geschäft ab; das Haus hatte unter der Regierung König Jakobs I., zu einer Zeit, als die hohe Welt noch nicht nach dem Westende von London ausgewandert war und noch viel in der City lebte und verkehrte, einen ähnlichen Ruf, wie die ganz nahe dabei gelegene Kneipe, in welcher Shakspere den dicken Falstaff und den ausgelassenen Prinzen Harry ihren Sekt schlürfen läßt. Nicht allein die Kaufleute ließen sich die guten Dinge im Steelyard zum Frühstück wohl schmecken; Bischöfe und Edelleute, ja der Lordkanzler selber und vornehme Geheime Räthe haben es nicht verschmäht dort einzutreten und von den Leckerbissen der Fremdlinge zu kosten. Wiederholt wird in den Lustspielen aus den Tagen der Königin Elisabeth und ihres Nachfolgers, den besten Autoritäten für das damalige Leben in England, darauf angespielt. *Let us go to the Stilliard and drink Rhenish wine,* sagt der Verfasser des Pierce Pennilesse. Und in einem Stücke von Webster heißt es: ich lade Euch ein ihn diesen Nachmittag im rheinischen Weinhause im Stahlhofe zu treffen; kommt und laßt Euch einen deutschen Kuchen und ein Fäßchen Caviar wohl schmecken! Bemerkenswerth genug steht heute noch am selben Flecke ein großes Bierhaus, das sich auf seinem Schilde Steelyard nennt, darüber eine goldene Weintraube, wie wir sie viel in alten deutschen Städten in die schmalen Gassen hineinragen sehen. So haben sich, nachdem so mancher Wechsel über die Stätte hingegangen, doch hier wenigstens Name und Gewerbe unverändert erhalten, seitdem, wie wir gesehen, Heinrich II. den Kölnern vor 600 Jahren verstattete dort ihren Rheinwein zu verkaufen.

Aber es sieht fast aus, als hätte ich nur von Essen und Trinken zu erzählen, als hätten unsre Landsleute in England, deren Beschäftigung allerdings sehr materieller Natur gewesen, vorzugsweise gern solche Genüsse befördert. Doch fehlte es ihnen auch nicht ganz an Lust für andere Dinge; sie selbst deuteten in ihren Sinnsprüchen darauf hin, wie Reichthum guten Geschmack und Freude an der Kunst erzeuge und hege; sie selbst gaben ihren kunstreichen Landsleuten Gelegenheit ihre Halle mit schönen Bildern zu schmücken. Noch höhere und ernstere Gefühle hielt in ihnen ihr christlicher Glaube wach, den ja die ehrsamen Bürger der deutschen Reichs- und

Hansestädte stets vielfach bethätigt haben. Gerade das abenteuernde, lebensgefährliche Seemannsleben und die riskanten Spekulationen der Kaufleute nährten, zumal in den vorreformatorischen Zeiten, eine biedere, einfache Frömmigkeit, die im fleißigen Besuche des Gottesdiensts und in Stiftungen allerlei Art ihren Ausdruck fand. Seltsam genug finden wir von einer eigenen Kapelle im Londoner Stahlhofe kaum eine Spur; die Genossenschaft war dagegen dem benachbarten Kirchspiele Allerheiligen eingepfarrt. Diese Kirche, Allerheiligen die Größere genannt, erscheint frühzeitig unter dem Namen der Seemannskirche. Obgleich sich die Nachricht, die Deutschen hätten sie gestiftet, nicht bestätigen läßt, so hingen sie doch mehrfach mit ihr zusammen. Sie unterhielten wahrscheinlich einen eignen Altar, weihten zu besonderen Festen die langen Wachskerzen und ließen an bestimmten Festtagen von ihnen gestiftete Messen lesen. Auch die Reformation hat dieses Band, das recht augenscheinlich beweist, wie innig hier von uralten Zeiten her deutsches Wesen mit englischem durchwachsen war, nicht gelockert. Freilich scheinen die Deutschen die neue, gereinigte Lehre nur langsam und vorsichtig angenommen zu haben, denn als im Jahre 1526 von dem berühmten eifrig katholischen Kanzler Sir Thomas More in Person bei ihnen Haussuchung nach den Schriften Luthers gehalten wurde, fand man nur alte und neue Testamente, Evangelien und deutsche Gebetbücher; sie selbst, alt und jung konnten noch mit gutem Gewissen am Kreuze auf dem St. Paulskirchhofe schwören, daß sich unter ihnen kein Ketzer befände. Bald darauf siegte die Reformation in England wie in den meisten zur Hanse gehörenden Städten, und die Stahlhofsgenossen wohnten von nun an dem englisch-protestantischen Gottesdienste in Allerheiligen bei. Dort besaßen sie längst mehrere Reihen alter Gestühle, die sie auch nach dem durch den großen Brand nöthig gewordenen Wiederaufbau erneuert haben. Mehrere kunstvoll in buntem Glase gemalten Fenster, in denen als Mittelpunkt der doppelköpfige Reichsadler nicht fehlt, sind ebenfalls von ihnen gestiftet. Auch nach dem Brande haben sie der Kirche ein noch heute erhaltenes und viel bewundertes Schnitzwerk aus dauerhaftem Eichenholze geschenkt, das den Chor von dem Hauptschiffe scheidet. Es ist das Werk eines Hamburger Holzschneidemeisters und stellt vielfach gewundene Säulen, Pilaster und Bögen dar. An der zum Altar führenden Pforte ist wiederum der Reichsadler angebracht, darüber erhebt sich das königliche Wappen von England. Noch im Jahre 1747 haben sich die Kirchenstühle im

Besitze des Stahlhofmeisters und der übrigen Repräsentanten der Gilde befunden, obgleich seitdem das kirchliche Leben der Deutschen in London eine ganz andere Wendung genommen hatte.

Das wären also die Gebäude des Kaufhofes; es bleibt nur noch übrig von dem Leben der Genossenschaft und ihrer Mitglieder so viel mitzutheilen, als uns interessiren kann. Dieser kleine Staat im Staate hatte natürlich auch seine Verfassung, die in ihren Formen der Zeit ihrer Entstehung und den mittelalterlichen Zuständen entsprach. Die sämmtlichen wirklichen Mitglieder der Korporation, die Meister, hatten bei den Versammlungen, in denen man alle seine Interessen wahrte, volles Stimmrecht. Alljährlich wählten sie aus sich selbst einen Aeltermann, der mit zwei Amtsgehülfen und einem Ausschusse von neun Mitgliedern die Verwaltung in Händen hatte. Bei der Wahl jedoch wurde ängstlich darauf gesehen, daß die Vertreter aller einzelnen Hansestädte der Reihe nach in den Ausschuß kamen. Unter dieser Leitung wurden in der sogenannten Morgensprache die Angelegenheiten der kleinen Welt verhandelt und die darauf bezüglichen gesetzlichen Bestimmungen getroffen. Fast klösterlich war die Zucht des Orts: alle im Stahlhofe selbst lebenden Meister und Gesellen, sogar der Hauswart mußten unverheirathet sein. Scharfe Vorschriften bezweckten dauernde Ordnung und Ruhe. Schimpfworte, Schläge und andere thätliche Verletzungen waren mit hohen Geldbußen belegt; harte Strafen standen auf Trunkenheit, Würfelspiel und unsittliche Aufführung. Um neun Uhr des Abends wurden die Pforten geschlossen und keinem während der Nacht aufgethan. Ein jeder Meister war verpflichtet auf seiner Kammer Helm und Harnisch und alle zur vollen Rüstung gehörigen Waffen in gutem Stande zu erhalten. Diese Vorschriften bezweckten aber sämmtlich eine strenge Wahrung der rechtlichen Beziehungen zu dem Lande, in welchem man die Gastfreundschaft genoß. Es kam darauf an, niemals selber den Anstoß zu einem Zwiste zu geben. Als Vermittler bei allen Streitigkeiten oder civilrechtlichen Fällen mit den Einheimischen wählte man sich daher auch immer einen der 12 Aeltermänner der City von London oder gar den Lordmayor selbst zum Schiedsrichter. Bei Criminalsachen wurden die Geschworenen, wie das ja auch noch heute bei der gemischten Jury in England der Fall ist, zur Hälfte aus Engländern, zur andern aus den Deutschen gewählt.

Die Pflichten gegenüber der Obrigkeit der Stadt und des Landes waren durch alten Gebrauch scharf vorgezeichnet und wurden ängstlich beobachtet. So war z.B. das Instandhalten der Waffen keineswegs unnütz: die Deutschen waren gebunden an der Vertheidigung der Stadt Theil zu nehmen, alten Verträgen zufolge mußten sie das nach Norden führende Thor Bishopsgate in dauerhafter Wehr erhalten, und, sobald es die Umstände verlangten, bewachen und vertheidigen. Das alte Bischofsthor war daher, wie es uns beschrieben wird, ein Werk deutscher Baukunst, dessen von oben herab schauende Statuen: ein Bischof segnend in der Mitte, rechts König Aelfred und links sein Eidam der Earl Aethelred von Mercia, wieder an die graue sächsische Vorzeit gemahnten. Noch bis in die protestantischen Zeiten hinein, als die Stadt London von keinem Feinde mehr bedroht wurde, haben die Hansen an Erfüllung dieser alten Pflicht festgehalten.

Noch wichtiger waren im Laufe der Zeit die freiwilligen Lasten geworden, die sie sich auferlegten, um ihre bedeutenden Vorrechte, die hauptsächlich in der Geringfügigkeit der von ihnen entrichteten Zölle bestanden, zu wahren. Da kam es sehr auf Geschenke in Geld und Materialien an. Dem Lordmayor wurden jedesmal zu Neujahr 15 Goldnobel überreicht, in ein Paar neue Handschuh eingewickelt, die uns unwillkürlich an die bereits mitgetheilte seltsame Abgabe zur Sachsenzeit erinnern. Besonders beliebte Lordmayors erhielten außerdem ein Fäßchen vom besten Caviar zum Geschenk, oder einige Tonnen mit Häringen oder einen Centner polnischen Wachs. Auch die Rechtsconsulenten, welche die Genossenschaft meist aus der Anzahl der Kronadvokaten, der *Serjeants at law* wählte, empfingen außer ihrem Gehalte ähnliche annehmbare Geschenke. Aus einem aus der Zeit der Königin Elisabeth herrührenden Rechnungsbuche ersieht man, wie sehr diese Präsente an die Behörden der Stadt und sogar an die Minister der Krone stehend geworden waren. Die Beamten der Post, der Admiralität, der Staatskanzlei, des auswärtigen Amts sind alle mit ihren Neujahrsgaben angeschrieben; den Zollinspektoren auf dem Hauptzollamte flossen einige 20 Pfd. Sterl. zu, um sie vermuthlich bei der gelinden und nachsichtigen Ausübung ihrer oft verfänglichen Pflicht zu erhalten. Eine nicht unbeträchtliche Summe ist für die Trinkgelder, kleinen Gaben von Leckerbissen und Wein und für die Handschuhe festgesetzt, in welche man stets zartfühlend die Goldstücke einwickelte.

Dadurch wurden denn vielfache freundschaftliche Beziehungen unterhalten. Die Osterlingen (*Easterlings*), wie der Engländer die deutschen Hansen nannte, galten ihm bei öffentlichen Gelegenheiten oft geradezu für seine Mitbürger. Bei großen prunkvollen Festen, wie sie die Stadt London ja bis auf diesen Tag in abenteuerlichen Aufzügen zu begehen pflegt, fehlten daher auch die ehrbaren, angesehenen Hanseaten nicht. Schon als der junge Heinrich VI. im Februar 1431 aus Paris kam um zu Westminster gekrönt zu werden, und der Lordmayor, die Sheriffs und Aelterleute zu Pferde und in Scharlach und Hermelin auszogen ihn einzuholen, ritten, wie der Dichter Lydgate in einem Festliede schildert, die Osterlingen unmittelbar hinter den Beamten der Stadt, auf zierlichen Pferden, geführt von ihren Vorständen und Meistern.

An bestimmten Tagen des Jahrs feierten sie dann auch Feste bei sich zu Hause. Es war besonders der 4. December, der Tag der heiligen Barbara, an welchem, nachdem man vorher in Allerheiligen dem Gottesdienste beigewohnt, die feierliche Jahresmahlzeit in der großen Halle gehalten wurde. Doppelt blank waren dann die Schaugefäße geputzt, die Wände mit Teppichen geschmückt. Die Meister saßen an der Hochtafel, die Gesellen etwas niedriger an langen Tischen; unter den Gerichten durfte von Alters her der Kabeljau nicht fehlen. Vor allen andern Gästen wurden jährlich der Pfarrer von Allerheiligen und der Pförtner des königlichen Gerichtshofs der Sternkammer eingeladen.

Doch genug der Züge aus einem Leben, das, so lange es den Zeitumständen angemessen war, gewiß von Vortheil und Segen begleitet gewesen ist. Noch ist des Endes zu gedenken, das der Stahlhof gefunden. Wir haben gesehen, wie sich die Hanse und ihre Faktorei in England bereits im 16. Jahrhunderte überlebt hatten. Das Geschick der letzteren erhielt eine bedeutende Wendung durch den großen Brand von London im September 1666, der gleich den besten Theil der Stadt, auch den Stahlhof in Asche legte. Als darauf die englische Regierung zögerte die Privilegien der Gesellschaft zu erneuern, bestanden die Genossen abermals hartnäckig auf ihr gutes altes Recht und erhielten in der That nach einigem Prozessiren von Karl II. eine Bestätigung ihres uralten Freibriefs. Der Neubau, den sie nun aufführten, ist viel anspruchsloser als die alten festen Mauern, Hallen und Gewölbe gewesen; nur für den Stahlhofsmeister wurde ein Wohnhaus errichtet, der ganze übrige Raum zu Packhäusern und Werften verwandt, nicht viel anders, wie sie auf beiden Ufern der Themse genug vorhanden sind. Die Hansa bestand nur noch in der

Erinnerung, ihrer ausländischen Comptoire bedurfte sie nicht mehr, die Stellung der fremden Kaufleute in England war namentlich seit Cromwells großen handelspolitischen Maßregeln eine ganz andere geworden. Die Stahlhofsgenossen konnten daher ihr Eigenthum in London selber nur zum kleinsten Theile nutzen und haben es seitdem stückweise zu verschiedenen Waarenlagern an Londoner Kaufleute vermiethet. Obwohl der Werth des Grundstücks und der Miethzins die Kosten der Verwaltung reichlich deckte, so ist das Eigenthum den freien Städten Lübeck, Hamburg und Bremen, den Erben des einst so mächtigen Hansebundes, doch bisweilen zur Last geworden; nach längeren Unterhandlungen zwischen den betreffenden Regierungen und ausführlicher Erforschung der historischen und rechtlichen Verhältnisse ist der Stahlhof endlich im Jahre 1853 für 72,500 Pfd. Sterl. an einige englische Spekulanten verkauft worden.

Doch bis auf diesen Tag und hoffentlich noch auf lange Zeiten hin verdanken die in London lebenden Deutschen, deren es gegenwärtig über 50,000 geben mag, dem alten Korporationsgeiste der Stahlhofsgenossen nicht hoch genug zu schätzende Güter. Als nach dem Brande auch der Stahlhof noch einmal aus der Asche erstand, kamen die damaligen Vorsteher und Meister beim Könige Karl II. um die Gnade ein, ihnen, da mehrere der kleinen Stadtkirchen nicht wieder aufgeführt werden sollten, eine derselben zu überlassen. Ein königlicher Freibrief trat ihnen im Jahre 1673 die kleine Dreifaltigkeitskirche nahe bei ihrem Hofe ab, sie bauten sie auf und konnten von nun an den protestantischen Gottesdienst in ihrer Muttersprache halten. Die Kirche zur Dreifaltigkeit ist mit Ausnahme der deutschen Hofkapelle die Mutter der übrigen drei oder vier protestantisch deutschen Kirchen in London.

Der deutsche Kaufmann lebt nun dort nach wie vor, freilich nicht mehr auf dem Stahlhofe; oft steht er in der Blüthe seines Geschäfts ganz dem Einheimischen, in einzelnen Beispielen sogar den höchsten glänzendsten Erscheinungen gleich. Aller mittelalterliche Zwang ist dahin, freie Concurrenz steht auch dem Fremdlinge offen. Es ist ein schönes Zeichen, daß darum auch der Gemeinsinn und die Erinnerung an die gemeinsame Heimath nicht verschwunden sind, wenn wir seit einigen Jahren, hauptsächlich auch durch freiwillige Beiträge der deutschen Kaufleute in London, dort ein vortrefflich geleitetes deutsches Hospital aufblühn und die ungetheilte Aufmerksamkeit der Engländer erregen sehen, wo bei der Aufnahme eines Kranken nur eins von ihm gefordert wird, nämlich daß er unsre Muttersprache rede.

9 789356 710054

Printed at Repro India Ltd.